Vente le Mercredi 29 Janvier 1868

APRÈS DÉCÈS

OBJETS D'ART

ET

DE CURIOSITÉ

ARMES, TABLEAUX, MEUBLES

DÉPENDANT DE LA SUCCESSION DE

M. JUSTE père

Exposition publique le Mardi 28 Janvier 1868.

Mᵉ CHARLES PILLET, | M. DHIOS,
COMMISSAIRE-PRISEUR | EXPERT

1868

CATALOGUE

DES

OBJETS D'ART

ET DE CURIOSITÉ

Très-belle **ARMURE INDIENNE**;
ARMES orientales et occidentales; — Porcelaines de la Chine,
du Japon et de Sèvres;
Tableaux anciens et modernes; — Argenterie;
Mobilier; — Objets divers.

Dépendant de la succession de **M. JUSTE père**.

DONT LA VENTE AURA LIEU

PAR SUITE DE DÉCÈS

HOTEL DROUOT, Salle N° 2

Le Mercredi 29 Janvier 1868

A DEUX HEURES.

Par le ministère de M° **Charles Pillet**, Commissaire-Priseur,
11, rue de Choiseul,
Assisté de M. **Dhios**, Expert, rue Lepelletier, 33.

Chez lesquels se trouve le présent Catalogue.

EXPOSITION PUBLIQUE

Le Mardi 28 Janvier 1868, de une heure à cinq heures.

CONDITIONS DE LA VENTE

Elle sera faite au comptant.

Les adjudicataires payeront *cinq pour cent* en sus des enchères.

L'exposition mettant le public à même de se rendre compte de l'état des objets, il ne sera admis aucune réclamation une fois l'adjudication prononcée.

———

1073. — Paris. Imp. PILLET fils aîné, rue des Grands-Augustins, 5.

DÉSIGNATION DES OBJETS

Armes

1 — Belle armure indienne, composée du casque avec
maille, de quatre plastrons, de deux brassards en damas
finement damasquiné d'or et d'une cotte de mailles acier
et cuivre.

2 — Un fusil à silex avec garniture en argent ciselé, canon
bleu damasquiné d'or.

3 — Un fusil du même genre que le précédent, avec très-long
canon oriental en damas damasquiné d'or.

4 — Un fusil à silex, à canon oriental en damas avec capu-
cines en argent ciselé, garniture en fer.

5 — Un fusil simple à piston, avec canon oriental en damas,
garniture en fer bronzé.

6 — Paire de pistolets à piston.

7 — Trois montures d'épées en acier poli, finement tra-
vaillé.

8 — Casque à visière fermée, du XVI° siècle.

9 — Deux éperons Louis XIII, en fer damasquiné d'argent en relief.

10 — Une garde d'épée Louis XIV, damasquinée d'argent à figures, une fusée Louis XV en acier ciselé et une garde d'épée en fer uni, complète.

11 — Lot de seize pièces d'épées Louis XVI, en fer ciselé à fleurs et attributs guerriers ; coquilles, bélières et pommeaux.

12 — Un poignard de Trébizonde, avec coraux et une lame de poignard malais.

13 — Divers débris d'armures du XVI° siècle.

14 — Lot de douze pièces pour épées, en acier uni : bélières et croisette.

15 — Sabre persan, lame en damas, fourreau en chagrin noir, garniture damasquinée d'or.

16 — Sabre turc monté en argent, belle lame dite palle en damas, avec médaillons en relief à inscriptions incrustées en argent.

Porcelaines
de Chine et du Japon

17 — Paire de grands plats du Japon, riche décor.

18 — Paire de plats de Chine à corbeilles au centre, bordure à grandes fleurs.

19 — Grand plat du Japon, à riche décor moderne.

20 — Autre grand plat du Japon, même genre.

21 — Paire de petits plats de Chine, à oiseaux.

22 — Un petit plat de Chine.

23 — Paire de petits plats du Japon, avec personnages.

24 — Paire de petits plats du Japon, même genre.

25 — Paire de compotiers du Japon.

26 — Autre paire de compotiers du Japon.

27 — Garniture de cinq vases du Japon : potiches et cornets.

28 — Petite garniture de cinq vases de Chine : potiches et cornets, décor en camaïeu brun.

29 — Brûle-parfums violet et bleu turquoise, de Chine.

30 — Très-beau bol à dix pans, à riche décor du Japon.

Objets de curiosité

31 — Pendule Louis XVI, à colonnes en marbre blanc et ornée de bronzes dorés, cadran tournant.

32 — Deux candélabres girandoles en marbre blanc et bronze doré, à trois lumières. Louis XVI.

33 — Deux coupes en granit gris, montées sur trépieds en bronze doré.

34 — Très-belle paire de vases de Sèvres gros bleu, à jolie peinture circulaire représentant des bacchanales; riches montures en bronze ciselé et doré, du style de Louis XVI.

35 — Bas-relief en ivoire sculpté, représentant le mariage d'un doge; joli travail du xvi° siècle.

36 — Mosaïque de Rome : Chien et Chat.

37 — Trois petites coupes en jade blanc sculpté en forme de fleurs; sur socles verts.

38 — Deux figurines en jade, sur socle en bois de fer sculpté et découpé à jour.

39 — Médaille en bronze par Andrieu, représentant l'arrivée du roi à Paris en 1789.

40 — Deux petits sujets d'intérieur modelés en cire, encadrés.

Tableaux anciens

41 — JANNECK. — Atelier de sculpteur.

42 — POELEMBOURG. — Baigneuses.

43 — VAN DE VELDE. — Paysage et Animaux.

44 — Berghem. — Retour du marché.

45 — Berghem. — Personnages et Animaux dans un paysage.

46 — Ecole hollandaise. — Paysage.

47 — Miéris. (D'après) — Scène d'intérieur.

48 — Wouvermans. (D'après) — Deux pendants, départ pour la chasse.

49 — Baudouin. — Deux Pastels.

50 — Boucher. (D'après) — L'Hiver.

51 — Inconnu. — Deux Paysages.

Tableaux modernes

52 — Ed. de Beaumont. — La Barque.

53 — Ed. de Beaumont. — La Fortune.

54 — Ed. de Beaumont. — Le Pot au lait.

55 — Ed. de Beaumont. — L'Hiver.

56 — Ed. de Beaumont. — Les Blés.

57 — Berré. — Animaux dans un paysage.

58 — BERRÉ. — Intérieur de ferme.

59 — COUTURIER. — Canards.

60 — DELAROCHENOIRE. — Jeune fille au bain.

61 — LE POITEVIN. — Pêcheur.

62 — MOZIN. — Le Grand'papa.

63 — ROEHN, fils. — Le Bain.

64 — DREUX DORCY. — Tête de jeune fille.

65 — DREUX DORCY. — Tête de jeune fille.

66 — LYON. (D'après SCHOPIN.) — Deux pendants : Manon
Lescaut.

67 — RICHOMME — Nymphes.

68 — ULYSSE. — La Taverne.

69 — NOEL. — Miniature : Portrait de Napoléon Ier.

70 — Divers autres tableaux et plusieurs gravures encadrées.

71 — **Argenterie** pesant 2 kil. 800 grammes.

72 — **Meubles divers en acajou, noyer, etc. :** Se-
crétaire, commodes, armoire à glace, lits, table de jeu,
chaises, fauteuils, glaces, pendules, cartel, flambeaux.

73 — **Objets de literie :** Sommiers, matelas, couver
tures, etc.